AF278621

SOLUTION

DES

PRINCIPAUX PROBLÈMES

QUI AGITENT NOTRE SIÈCLE.

INTRODUCTION.

Un malaise est généralement senti en Europe ; le manque de religion en est cause. C'est pourquoi les classes qui ont une éducation supérieure s'ennuient mortellement ; c'est pourquoi la classe moyenne est inquiète ; c'est pourquoi la dernière classe est scandalisée. C'est là le sort des temps de transition quand on passe d'une religion à une autre. La religion est la satisfaction de nos besoins intellectuels ; dans les temps de transition on ne satisfait qu'aux besoins physiques ; il est vrai que par compensation on y satisfait plus amplement ; pourtant cela ne suffit pas pour nous rendre la vie supportable. La Providence nous a donné une nature qui ne nous permet pas d'occuper d'une manière supportable les vingt-quatre heures de la journée avec les sens seulement. Quand nous avons goûté successivement tous les plaisirs que les sens nous permettent, il nous reste encore beaucoup d'heures à employer, et ces heures accablent d'ennui les premiers rangs de la société.

Cela semble incroyable : après des milliers d'années que l'humanité travaille à rendre le séjour de la terre moins malheureux, après avoir réussi à se donner une existence sûre, après s'être délivrée de tant de périls dont elle fut successivement menacée,

après avoir fait une autre création en inventant une infinité de conforts, de satisfactions, de plaisirs, que les premiers hommes n'auraient jamais soupçonnés ; après avoir obtenu tout cela, la classe qui est le plus en position d'en pouvoir jouir, bien souvent cherche un remède à son ennui dans le suicide ! Et d'où cela vient-il ? Du manque d'une religion.

On ne vit pas seulement de pain ; la nature humaine a encore d'autres besoins à satisfaire.

Elle a des besoins intellectuels ;

Elle a le besoin d'aimer et d'être aimée, etc.

Mais souvenons-nous que l'école de Byron touche à son terme, l'époque du désespoir, de l'incertitude et de l'hypocrisie va finir.

J'ai observé la société, plus par instinct que par détermination ; j'ai cherché les problèmes qui l'agitent, et j'ai trouvé : *Religion, Morale, Organisation sociale.* J'ai tenté de les résoudre ; je suis convaincu d'y avoir réussi. L'Europe, le temps en décidera. Pour le moment je ne fais que poser les principes généraux d'où nous devons partir ; mais une fois ces principes posés, de conséquence en conséquence, chacun peut arriver à tous les détails.

CHAPITRE Iᵉʳ.

RELIGION.

La grande affaire de l'humanité sur la terre, celle à laquelle la Providence l'a appelée, c'est la civilisation.

La marche que l'humanité suit dans cette voie est dans l'ordre de la nature : il n'y a pas de force humaine qui puisse l'arrêter.

Une fois que l'homme est parvenu à la possession d'une connaissance, il n'est plus en son pouvoir de l'en déposséder; telle est sa destinée providentielle.

Tous les évènements qui arrivent sur la terre concourent tous au progrès de la civilisation.

Il n'y a pas à craindre que cette loi de la nature nous conduise au quiétisme, parce que nos paroles, nos actions, sont aussi des évènements. C'est la destinée de l'homme expliquée.

La route que l'humanité suit vers ce but est la plus courte; si nous connaissions à fond son histoire, sa nature et celle de la terre que nous habitons, on verrait qu'à son insu l'humanité a toujours marché vers le même terme, et qu'elle ne pouvait suivre un autre chemin.

Il était dans notre nature que la civilisation eût lieu.

Si nous mettons une balle sur un plan incliné, nous sommes certains qu'elle se mettra en mouvement et qu'elle ne s'arrêtera qu'au bas du plan. Il en est de même de l'humanité; la Providence l'a formée ainsi, l'a placée sur une terre formée de telle manière que nécessairement elle a dû se mettre en mouvement vers la civilisation. (Cette civilisation est l'axe, le point d'appui qui manque à la science de Vico.)

L'homme se trouve sur la terre avec deux sortes de besoins : les besoins physiques et les besoins intellectuels : les besoins physiques sont de manger, boire, etc.; les besoins intellectuels sont de savoir ce que nous sommes, nous et tout ce qui nous environne; d'où nous venons, où nous allons, etc.

Les besoins intellectuels furent l'origine de la civilisation puisqu'ils firent naître les religions, et les religions commencèrent la civilisation.

L'homme, dans l'état primitif et dans l'état sauvage, ne produit que ce qui est nécessaire à sa propre existence; tant que cet état dure la civilisation ne commence pas. Mais bientôt les besoins intellectuels se font sentir; les êtres les plus intelligents éprouvent ces besoins avec plus de force; alors les patriarches apparaissent et expliquent le monde; l'homme met plus d'empressement à produire des biens matériels pour avoir en échange des biens intellectuels, et la civilisation commence avec les religions.

Si la terre, ainsi que l'homme, n'avait été créée de manière que l'homme pût vivre avec beaucoup moins que ce qu'il est capable de produire, la civilisation n'aurait pas eu lieu.

Le premier qui satisfît aux besoins intellectuels de son époque d'une manière satisfaisante, fut le premier qui créa une religion : ce qu'il reçut en compensation des autres hommes fut la première pierre du grand édifice de la civilisation.

Si la Providence n'avait pas donné à notre nature les besoins intellectuels, les religions ne seraient pas nées et la civilisation n'aurait pas eu lieu.

Toutes les religions conduisent à la civilisation ; la civilisation est l'œuvre des religions.

Définition de la civilisation.

A l'égard de l'homme, la civilisation est la satisfaction des besoins physiques et intellectuels.

Le plus haut degré de civilisation c'est la plus grande et la meilleure satisfaction de nos besoins physiques et intellectuels.

A l'égard de la Providence, c'est peut-être de faire de notre globe une planète cultivée, embellie, habitée par des êtres instruits et affables, éclairés et justes, en vue de fins ultérieures qu'il ne nous est pas encore donné de connaître.

En outre, la civilisation est aussi la réunion des capitaux, c'est l'ordre, c'est l'instruction, c'est la justice, c'est l'éducation.

L'humanité à sa première apparition sur la terre était, quant à l'intelligence, à l'état d'ambryon; ce que nous appelons civilisation, c'est le passage de ce premier état à celui auquel nous sommes arrivés; de sorte que la civilisation est le développement de l'esprit humain. Le corps sert à mûrir l'esprit.

Ce développement continuel, cette lente transformation, est générale dans les deux natures, peut-être sera-t-elle éternelle; néanmoins ses résultats sont infaillibles. Un jour peut-

être l'homme arrivera à concevoir une destinée supérieure. Un auteur a dit que l'œuvre de la création n'est pas encore terminée ; mais présentement ces investigations resteront en dehors de notre travail.

Voyons maintenant qui travaille à la civilisation et comment on accomplit cette tâche.

Le savant et l'ignorant, le héros et l'homme vulgaire, tous y travaillent, mais par des moyens différents et en des proportions diverses. Les proportions peuvent varier à l'infini, mais il n'y a que deux genres de moyens : les négatifs et les positifs. En voici un exemple :

Le cultivateur et le savant travaillent positivement, l'assassin et le trompeur y travaillent négativement.

Pour être instruit et pour pouvoir avancer dans le perfectionnement humain, il faut connaître tout le bien et tout le mal dont notre nature est capable; le bien, pour le suivre, et le mal pour l'éviter.

C'est pourquoi je dis que, même négativement, on travaille à la civilisation, parce que ceux qui suivent cette voie sont utiles quand ils enseignent sur une petite échelle ce qui est mal, afin que la société puisse le connaître pour empêcher qu'il ne se reproduise une autre fois et sur une plus grande échelle, ce qui serait un très grand mal.

Qu'ils sont malheureux ceux qui suivent la voie négative ! Ils méritent toute notre compassion, puisqu'ils sont les instruments de la Providence, comme les hommes heureux qui suivent la voie positive.

Qu'est-ce qui forme l'homme? Qui est-ce qui détermine ses actions?

C'est son naturel et les circonstances dans lesquelles il se trouve (1).

C'est à la société de faire que l'homme soit dans une situation qui le fasse agir dans la voie des moyens positifs. Le but de la société doit être que tous travaillent dans ce sens.

Il faut pour nous conduire à ce résultat une étude profonde de la nature humaine et de l'effet qu'ont produit sur elle les diverses phases de la civilisation ; il faut encore la connaissance de l'histoire pour pénétrer les vues de la Providence.

L'art d'organiser une société devient un art d'imitation, un art libéral. La Providence a voulu que presque partout auprès de la nature l'art ait pu trouver place (c'est le travail que doit faire l'humanité); mais l'art comme auxiliaire, la nature d'abord, l'art ensuite. La nature est la fille de la Providence, l'art est fils de l'homme ; la nature doit être soutenue, mais non pas opprimée par l'art.

Mais voyons où en est l'Europe touchant la foi religieuse.

Je divise l'Europe en trois classes :

1° Celle qui professe une religion ;

2° Celle qui s'abandonne à l'impulsion des écoles philosophiques ;

3° Celle qui rallie ceux qui ne sont plus dans la première, et ne sont pas encore dans la seconde.

Cette dernière classe est la plus dépravée, la plus dangereuse; la société devrait s'efforcer de la réduire à une minorité imperceptible.

La seconde classe est sans religion, mais elle a l'éducation qui lui sert de morale; la troisième n'a ni religion ni morale.

Il faut remarquer ici que je prends le nom de philosophie dans le sens limité de la méthode, comme un art qui enseigne à connaître la vérité ; la philosophie est pour moi le crible par où doivent passer les choses pour être admises comme vraies.

La seconde classe représente les progrès de l'esprit humain ; à l'époque où nous sommes elle est arrivée à ce point de n'admettre une chose pour vraie que lorsqu'on peut prouver qu'elle est telle en le démontrant jusqu'à l'évidence. Accepter une chose comme vraie ne dépend pas de notre volonté, mais de la réalité de la chose même, eu égard au point de vue d'où nous la considérons.

La volonté prend les ordres de la raison ; la raison se base sur la conviction, et la conviction se forme par les connaissances.

Dès lors qui est-ce qui pourra satisfaire aux besoins intellectuels, à la condition demandée par l'état des connaissances dans lequel se trouve la seconde classe?

Les sciences ! ! Les sciences positives. Les découvertes de Newton et de Colomb ne furent-elles pas des satisfactions intellectuelles ?

Les sciences nous donnent tous les jours des satisfactions intellectuelles, et en même temps elles sont utiles pour nos besoins physiques; que notre amour pour les sciences devienne une sorte de culte. Quand nous aurons satisfait à nos besoins physiques , tous nos soins seront pour accroître nos besoins intellectuels, ce qui est la même chose que perfectionner les sciences.

La seconde classe, que l'on méprise

---

(1) Les circonstances peuvent être intellectuelles, religieuses, morales , physiques et pécuniaires.

et que l'on persécute tant à cause de son incrédulité, dorénavant aura une religion, où toutes les autres religions viendront se confondre pour n'en plus faire qu'une seule.

Notre religion, que nous appellerons mission, c'est la civilisation : la route pour y arriver c'est la science.

Nous sommes heureux d'avoir tous les éléments pour avancer. Une grande vérité se révèle à nos yeux : le motif pour lequel la Providence nous a placés sur la terre, quelle révélation !

La Providence nous a créés pour que nous l'aidions dans son œuvre ; nous sommes ses agents, ses commis sur la terre ! Que pouvons-nous désirer de plus ?

CHAPITRE II.

MORALE.

Non seulement les religions donnent la satisfaction des besoins intellectuels, mais nous donnent encore des préceptes pour que nous sachions comment nous conduire dans nos actions, dans le commerce que nous avons avec les autres hommes.

Pour nous un seul précepte suffira pour suppléer à tant de chapitres de morale. Ce précepte est : le respect de la propriété d'autrui dans sa signification la plus étendue, sans pourtant empêcher la libre concurrence.

La première, la plus sacrée des propriétés, c'est la personne ; ensuite viennent les biens, le temps qui s'écoule, notre part de tout ce que nous avons en commun avec les autres hommes, comme vue, air, etc.

De ce précepte porté aux moindres choses ressort aussi la politesse et l'éducation.

Selon moi, l'homme moral est celui qui, avec ses propres moyens, se procure de quoi vivre sans nuire à la propriété d'autrui. Les capitaux sont des moyens comme le sont le talent et les bras.

Celui qui consomme plus qu'il ne produit détruit la civilisation au lieu de l'accroître.

En observant le seul précepte de la propriété d'autrui, une société organisée peut subsister ; sans ce précepte elle devient impossible ; une société en commun, comme on le voudrait aujourd'hui, n'a pu exister que lorsqu'il y avait des esclaves qui travaillaient pour les citoyens.

Ma doctrine s'appuie sur le respect de la liberté individuelle.

La nature humaine ne consent pas au communisme comme on l'entend aujourd'hui. Les hommes peuvent et pourront s'unir entre eux pour arriver à un but commun, mais en dehors du cercle de l'existence individuelle, que chacun aime à arranger à son goût, sans sujétion, à raison de ses propres moyens.

L'économie politique prouve suffisamment, que sans le droit de propriété et sans le respect pour la propriété on ne pourrait pas réunir des capitaux. Nous avons déjà dit que la civilisation représente les capitaux accumulés.

Les terres cultivées, les rues ouvertes, les maisons élevées, ne sont-elles pas des capitaux ? Et les métiers, les arts, les sciences qui sont parvenus à un si haut degré de perfection, ne le sont-ils pas aussi !

Grâce à cet assemblage de capitaux, des populations entières vivent sous des climats où il serait impossible d'exister en l'absence de cette ressource.

Dans l'état primitif, dans l'état sauvage, l'homme ne cherche à se procurer que le simple aliment; les besoins intellectuels, le besoin de comprendre l'univers, le déterminent à donner quelque chose aussi à celui qui satisfait sa curiosité :

Alors commence la réunion des capitaux.

Alors l'homme s'aperçoit qu'il peut avoir plus que l'indispensable nécessaire; il s'aperçoit qu'il peut vivre avec moins qu'il n'est capable de produire ; alors une partie des hommes se charge de travailler, non seulement pour eux-mêmes, mais encore pour une autre partie qui s'occupe de satisfaire les besoins intellectuels et le bien-être de tous. A mesure que l'on amasse des capitaux, que l'on augmente les commodités de la vie, que l'on invente des instruments de travail, la faculté de produire s'accroît, et plus on produit plus on peut augmenter le nombre de ceux qui s'occupent de la satisfaction des besoins intellectuels et des autres commodités de la vie ; de manière que pas à pas l'humanité est parvenue jusqu'à nous avec une immense quantité de capitaux, d'inventions, de découvertes; aussi, dans les sociétés les plus civilisées, la moitié de la population suffit pour procurer la nourriture pour tous, et l'autre moitié se

voue à satisfaire les besoins intellectuels de tous, les jouissances et les plaisirs de ceux qui sont destinés à en jouir les premiers. Ici on résoudrait facilement la question encore tant agitée de l'utilité des mécaniques.

Plus on aura de facilité pour produire et plus nous aurons de bien-être et de jouissance. Il est vrai que tout le monde n'est pas appelé à en jouir, mais nous y participons tous plus ou moins. Cela ne pouvait pas être autrement. Les privilégiés qui jouirent de ce bien-être, faible d'abord, furent en petite quantité, parce qu'il y avait peu de capitaux ; mais à mesure qu'ils augmentaient on augmentait aussi les jouissances et le nombre de ceux qui y participaient ; mais bientôt le jour arrivera où tous en jouiront entièrement. Comme dans la nature où, par une sagesse qui étonne, tout est compensé, ainsi les derniers jouiront de toutes ces choses en plus grande quantité et d'une manière plus satisfaisante.

Dans la continuelle transformation de l'organisation sociale, je découvre des lois, des beautés aussi étonnantes que les naturalistes en découvrent dans l'ordre physique.

O Italiens ! laissez pour un moment les poèmes, et si votre vocation vous y porte, étudiez les lois sociales, rassemblez les faits et les observations pour servir à la physiologie du corps social. L'économie politique, la statistique vous viendront en aide.

La religion chrétienne et sa morale ont eu le sentiment de grandes vérités; notre siècle est appelé à traduire ces sentiments en vérités scientifiques ; si Rome voulait s'associer à ce travail, elle aurait encore une ample moisson à faire; s'il en était autrement l'humanité ne manquerait pas d'agir seule.

Voici quelques observations qui pourront servir quand on règlera la physiologie sociale, pour indiquer aux jeunes gens de quelle nature doivent être les observations qu'il faut réunir pour pouvoir constituer la science.

La Providence a pu facilement circonscrire notre puissance avec la variété des sentiments qui nous agitent tour-à-tour. On ne peut faire une action, éprouver un sentiment, sans faire naître chez les autres un sentiment et une action opposée. Annette Corday en est la preuve.

Il semble qu'il y ait une loi d'équilibre entre le savoir et la richesse. Si les richesses tombent entre les mains de gens qui n'aient pas le degré de savoir pour les conserver, elles disparaissent bien vîte. L'Espagne en est une preuve. Donc, quand on veut améliorer la condition du pauvre, il faut commencer par l'éclairer et par l'instruire, sans cela il sera toujours pauvre, quelles que soient les richesses qui peuvent lui échoir.

Ici il n'est pas hors de propos de dire quelques mots du communisme. En Italie, bien qu'il existe quelques symptômes de communisme par la colère que le pauvre témoigne contre le riche, pourtant nous en sommes encore loin, et j'espère que le mal n'arrivera jamais à avoir cette gravité à laquelle il est probable qu'il peut atteindre en d'autres pays, parce que nous saurons y apporter à temps le véritable remède. Les écoles pour les enfants, les écoles d'arts et métiers sont déjà quelque chose, mais cela ne suffirait pas encore pour conjurer le communisme.

La civilisation est produite par les hommes de toutes les classes, et ils jouiront tous aussi un jour des bienfaits qu'elle produit; mais en attendant que ce jour désiré arrive, ceux qui sont appelés les premiers à en jouir forment de ces biens un monopole, et quoique ces biens augmentent tous les jours, ils les absorbent entièrement sans permettre qu'une partie en soit accessible aux autres classes de la société qui, par les lois de la nature (1), sont aussi appelées à en jouir. Et comme les hommes d'une humble condition ont aussi de l'esprit et du cœur, il arrive que lorsqu'ils acquièrent le sentiment de ce qu'ils sont et de ce qu'ils devraient être, de ce qu'ils ont et de ce qu'ils devraient avoir, après avoir attendu bien longtemps, ils prennent les moyens d'y parvenir. Et de combien de manières ne l'a-t-on pas essayé? tantôt en tuant les maîtres, tantôt avec les croisades, avec les révolutions, maintenant avec le communisme. Le communisme est une théorie impraticable; pourtant (soit qu'on y applique le remède, soit qu'on le laisse aller jusqu'à des excès) il aura son effet qui sera de faire obtenir aux classes humbles la somme de biens que la civilisation actuelle peut leur donner. Tout homme ayant du cœur peut-il jouir sans remords de tous les bienfaits que procure la civilisation, sans faire tout son possible pour que ses frères arrivent un jour à partager les mêmes biens?

Voilà ce que devrait faire la société et les gouvernements qui la repré-

---

(1) Je considère comme lois de la nature, le progrès de la civilisation comme le développement de tous les êtres.

sentent pour prévenir le communisme, et le remède serait encore plus efficace si Rome voulait s'y unir. Que de maux on épargnerait à l'Europe ! Pourtant Rome antique devrait servir d'exemple.

CHAPITRE III.

ORGANISATION SOCIALE.

On prend en pitié ceux qui s'épouvantent à la moindre parole d'un philosophe ou d'un novateur, et qui craignent que l'édifice social ne s'ébranle et ne tombe en ruines.

Peut-on croire que le mot d'un philosophe puisse ébranler une œuvre de tant de siècles, qui a constamment progressé vers le but, et qui chaque jour s'approche de la perfection en proportion de ses connaissances, de son expérience et de ses capitaux?

Si une organisation qui a toujours été modifiée, arrangée selon les exigences du temps, s'est toujours perfectionnée, faut-il craindre qu'elle soit détruite si elle subit encore quelques modifications?

La société se forme d'après ses connaissances; il faut instruire. La Providence mit dans notre nature d'enseigner aux autres ce que nous savons; peut-être les premiers patriarches enseignèrent-ils gratis; puis vint l'égoïsme qui fit amasser des capitaux. Il faut éclairer les hommes, on se trouve mieux au milieu d'une société éclairée, et cela vous coûtera moins; au lieu de payer deux, trois, quatre hiérarchies, vous en paierez une seule.

Les époques de transition ont toujours été des époques de complication pour les sociétés; nous sommes arrivés au comble de la complication, il faut chercher à simplifier. Pour y parvenir, il faut donner à tout le peuple le même esprit, les mêmes idées, et lui donner des jouissances intellectuelles de la même manière. Il faut aussi enseigner au peuple que riches et pauvres, que grands et petits, nous travaillons tous dans le même but, d'améliorer notre commune condition, et qu'en même temps nous obéissons à la Providence.

Il y a une nation en Europe qui, tandis qu'elle remédiait à d'autres maux, crut remédier aussi à l'organisation sociale par des institutions politiques ; elle les essaya toutes, et maintenant elle se trouve encore dans les mêmes difficultés sociales où se trouvent les autres. La principale base de la société c'est la religion, parce que c'est elle qui lui donna une origine, et parce qu'elle a toujours une morale pour compagne.

Quand la religion a fait son temps, quand elle commence à perdre dans l'opinion de la société, quand elle n'a plus la force de faire bien traiter les hommes, quand elle n'est plus suffisante pour soutenir une société avec les connaissances qu'elle a acquises, il faut alors penser à la modifier ou à lui en substituer une autre; et voilà le difficile, voilà où se trouve la complication. Nous n'arrivons pas tous en même temps à avoir les mêmes connaissances, c'est pourquoi on ne sait pas encore ce qu'on peut y substituer. Mais quand un mal se fait sentir tout le monde cherche le remède, et tôt ou tard quelqu'un résout la difficulté et une ère nouvelle de félicité commence.

On sent généralement que la société doit quelque chose à chacun de ses membres, et que sa constitution est imparfaite. La société doit à ses membres l'enseignement scientifique, philosophique, moral et professionnel à chacun individuellement suivant ses moyens. Les moyens peuvent être physiques, intellectuels ou pécuniaires.

Quand sur un territoire quelconque on organise un gouvernement, une société, et que cette société accorde le droit de propriété individuelle, alors toutes les terres qui étaient le patrimoine de tous deviennent la propriété de quelques particuliers. Où les habitants devront-ils vivre alors ? et de quoi vivront-ils ?

Si la destinée de l'homme est la civilisation, et s'il est nécessaire d'accorder le droit de propriété, je ne saurais en disconvenir ; mais alors il est nécessaire aussi d'accorder d'autres moyens d'existence à ceux qui ont pris naissance sur les terres qui sont données en propriété. Qu'on leur enseigne un métier, un art, une profession, afin qu'ils puissent subvenir à leur subsistance. L'obligation de l'enseignement que la société doit à ses membre résulte du premier droit naturel, du droit de vivre. Voilà ce que cherchent les communistes et ce qu'ils n'ont pas su encore définir ; c'est la solution du grand problème de la justice distributive que l'on cherche avec tant d'empressement.

Ici il y aurait beaucoup de choses à dire sur la concurrence et sur l'organisation du travail, mais il faut que je continue mon sujet.

Si la société s'arroge le droit de mettre des barrières sur les produits de l'industrie pour leur entrée ou leur sortie, alors la société contracte l'obligation de donner à chacun dans sa profession, ou le métier qu'il exerce, le même profit et le même travail que si les barrières n'y étaient pas. C'est pourquoi l'on sentit le besoin des gouvernements constitutionnels, puisqu'avec le système des douanes tout gouvernement despotique peut appauvrir ses sujets, soit par malice, soit par ignorance.

L'enseignement universel étant mis à la charge de la société, un autre problème est facile à résoudre, je veux parler du mariage.

L'ascendant que l'homme conserve sur la femme est encore un reste de la force brutale qui régna pendant tant de siècles à la place du droit.

Je ne condamne pas le passé parce que je suis persuadé qu'on ne pouvait pas faire autrement ; mais il est temps maintenant que la femme reprenne ses droits. Pour peu qu'on observe la société, qu'on pénètre dans les familles, aussitôt on voit qu'une réforme est nécessaire. Si l'on continue de cette manière, dans peu, tous les habitants de l'Europe auront le nom de bâtards. Déjà, dans les principales villes, un tiers de ceux qui naissent sont de ce nombre.

La femme est maîtresse d'elle-même et de ses enfants. Les enfants sont de la femme et non pas de l'homme. La nature est légale dans ses actes. Qui met au monde les enfants et qui est capable de les élever?. .Je ne dis pas qu'on doive détruire ce qui est fait, mais il serait bon de faire mieux à l'avenir.

Il est nécessaire de déraciner de la société un préjugé énorme qui souffre que l'on foule aux pieds le plus saint, le plus fort sentiment que la Providence ait mis dans la nature humaine. Les siècles à venir auront de la peine à croire qu'une mère puisse se priver et abandonner si cruellement la partie la plus chère d'elle-même pour un simple préjugé, par respect humain. Et l'on se vante d'être sans préjugés et d'avoir des mœurs douces !

La première fille qui dira : celui-ci est mon enfant, je ne veux pas l'abandonner, sera la première qui mettra l'humanité dans une route nouvelle pour faire les premiers pas vers cette modification de l'organisation sociale que les temps demandent ; ce sera la première qui élèvera la femme à la dignité et à l'autorité où elle a droit d'aspirer. Honneur à elle !

En résumé, les besoins les plus urgents sont : *l'enseignement universel; modification ou abolition des douanes; que les enfants aient une mère!* N'est-il pas bien étrange qu'on ait trouvé l'art de faire naître des enfants sans mère ! Cet art opprime la nature; ce que la nature accorde aux animaux les plus vils, l'homme le refuse à l'être fait à l'image de Dieu! Pauvres enfants sans mère ! il en est de l'enfant sans mère, comme de l'homme sans créateur !

Tout ce que j'ai dit plus haut, je l'ai écrit il y a trois ou quatre ans.

Ce que je vais dire, je l'adresse plus particulièrement aux travailleurs de la France.

Il y a déjà longtemps que la France est à la tête de la civilisation, maintenant elle est arrivée à un moment de crise : ou elle perdra son rang, ou elle continuera d'une manière encore plus méritante; je dis plus méritante, parce que sa mission, jusqu'à présent, à été de détruire; celle qu'elle aurait dorénavant serait d'édifier.

Dieu a fait notre nature de manière qu'il ne peut pas y avoir un progrès matériel sans un progrès moral.

J'entends par progrès moral, cette force de commander à lui-même que l'homme acquiert par l'instruction et l'expérience. J'expliquerai cette pensée par un exemple :

On ne peut pas amasser des richeses si on n'a pas acquis la force pour pouvoir les conserver. Si, par hasard, les richesses viennent à des gens qui n'ont pas encore l'éducation et la force morale qui est nécessaire pour les conserver, ils les dissipent bientôt. Aussi nous devons de la reconnaissance aux riches qui ont su conserver leurs richesses.

On a la force morale par sentiment et par conviction, par un seul motif ou par tous les deux; si nous n'avons pas la force morale par le premier motif on peut l'acquérir par le second, parce qu'il y a une science qui peut nous la donner, c'est l'économie politique; les connaissances nous donnent la conviction, et la conviction nous donne la force morale. Mais, en fait d'économie politique, la France ne brille pas, il faut bien le dire; et le peu de personnes qui comprennent cette science sont méprisées. Pourtant on ne fera rien de bon tant que les principes sains de l'économie politique n'auront pas pénétré dans les masses.

Nous ne commencerons à nous respecter, dans les biens comme dans les personnes, à nous assister, à nous aimer réciproquement, que lorsque nous comprendrons· tous que tout capital qui s'accumule dans quelque part que ce soit du monde, profite à tous, de même qu'il est une perte pour tous s'il se détruit. L'abondance fait toujours le bon marché, la disette fait renchérir tous les produits.

Dans les clubs on s'amuse à des discussions qui n'ont presque aucun résultat; si l'on discutait ou si l'on expliquait les vrais principes de l'économie, quel progrès l'on ferait !

Maintenant, mes chers travailleurs, vous demandez un progrès matériel, mais serez-vous capables en même temps de faire un progès moral ? Je crois qu'oui.

S'il est vrai, comme je le crois, que le temps est venu que ce progrès doit s'accomplir, le peuple Français me semble le plus capable de l'accomplir.

Ce progrès moral dont je vous parle c'est d'acquérir la force de respecter le bien d'autrui; c'est d'avoir une force en soi-même pour respecter les richesses d'autrui, même quand elles s'offrent à nous. Enfin, je m'expliquerai plus clairement : cessez d'être voleurs.

Vous me répondez aussitôt nous ne sommes pas des voleurs.

Et si vous n'êtes pas des voleurs, pourquoi conservez-vous un contrôle. L'abolition du contrôle peut vous donner le progrès que vous cherchez ;

tant qu'il y aura un contrôle, la société se composera de gardés et de gardiens.

Chez une nation vraiment civilisée le contrôle est humiliant et honteux. Le contrôle doit être gratuit de tous sur tous.

Je ne dis pas que vous soyez des voleurs, mais pour ne pas l'être vous vous faites manger la moitié de ce que vous gagnez, donc vous pourriez ne pas l'être et vous épargner cette dépense. C'est le besoin qui conduit au vol tant de malheureux ; aussitôt qu'il y aura la facilité de vivre et de gagner sa vie, le vol n'aura plus lieu. Si toute la nation adoptait mes idées, quand même il y aurait quelque récalcitrant, il serait facile de le connaître et de le ramener dans la bonne voie !

Mais pour cela il est nécessaire que vous soyez en état de faire ce que je vous disais tout à l'heure; il ne s'agit pour vous que de le vouloir, vous le pouvez en un jour, en un moment, ce n'est qu'un acte de votre volonté.

Mon Dieu, pourquoi faut-il qu'il y ait des populations de prisonniers et de galériens, ce n'est pas là l'état normal de l'homme !

Pour vous donner une idée plus claire du point où vous devriez arriver, je vous donnerai quelques exemples.

Le boulanger le matin met dans sa boutique 100 pains d'un sou; il met auprès une coupe pour mettre l'argent; il s'en va travailler sans laisser personne à la garde de sa boutique. Ceux qui ont besoin de pain entrent dans la boutique et mettent dans la coupe autant de sous qu'ils prennent de pain. Le soir, le boulanger ne trouve plus son pain, il compte les sous et il trouve qu'il y a autant de sous qu'il avait laissé de pains.

Le gouvernement met un droit de 1 franc par mois sur chaque habitant ; il établit un tronc sur la place de votre quartier ou dans l'église de votre paroisse : vous êtes mille habitants ; à la fin du mois on ouvre le tronc et on y trouve mille francs.

Voici à quel point il faut que vous arriviez, si vous en êtes capables ; alors on peut abolir le contrôle, et vous serez le peuple le plus grand et le plus heureux qu'il ait jamais existé.

Si vous savez marcher dans cette voie vous vaincrez toutes les nations dans la concurrence de l'industrie et du commerce, parce que vous produirez à meilleur marché ; vous réaliserez la fraternité ; vous atteindrez même au socialisme et au communisme si les sociétés sont destinées à y arriver ; vous obtiendrez enfin tout ce que vous pouvez désirer ; vous serez à la tête de la civilisation, et toutes les nations devront entrer dans la voie que vous aurez suivie.

Vous dire les immenses conséquences et les grands avantages qui en résulteraient est inutile, vous avez assez d'esprit et de pénétration pour le comprendre. Il me suffit de vous avoir indiqué le moyen ; mais pour pouvoir en apprécier encore plus l'importance et l'utilité, il vous faudrait connaître les principaux théorèmes de la véritable économie politique, et vous le pourriez en quelques semaines, si des économistes d'une bonne école l'expliquaient dans les journaux ou de toute autre manière.

Cela vous procurerait des avantages grands et certains : quelle gloire pour vous. C'est vraiment alors que vous pourriez vous appeler la première nation du monde.

Mes chers frères, autant que je puis le voir, je vous le dirai franchement, l'organisation du travail, comme vous l'entendez, est une chimère, une chose impossible. Savez-vous ce que c'est que l'organisation du travail ? Ce sont les grands magasins que l'on ouvre, les grandes manufactures, les chemins de fer, toutes les entreprises enfin qui simplifient et produisent à meilleur marché ; tout cela c'est l'organisation du travail. Mais l'association du capital avec le travail n'est rien, et c'est une chose impossible. Vous pourriez très bien, dans quelques entreprises, unir les travaux avec les capitaux, mais le capital vous sera retiré quand on lui trouvera un meilleur emploi. On ne peut pas supprimer la concurrence, et quand la France entière ne serait plus qu'un couvent, vous seriez toujours exposé à la concurrence étrangère.

Vous vous tourmentez pour le manque de travail, savez-vous quel est le remède pour faire augmenter les travaux ? c'est de travailler à bon marché ; cherchez toujours la manière de produire à meilleur marché, et le travail augmentera en proportion. Cette concurrence que vous maudissez, vous ne tarderez pas à la bénir. C'est elle qui règlera l'avenir ; c'est elle qui doit faire la guerre aux capitaux ; et l'unique moyen de faire la guerre aux capitaux, c'est d'en amasser le plus possible pour qu'il y ait concurrence ; parce qu'à mesure que vous réunirez des capitaux on diminuera l'intérêt, de manière que de 8 à 10 pour 100 on arrivera à 5, à 4, à 3, à 2. Et plus l'intérêt de l'or diminuera, plus on augmentera le prix de l'homme, c'est-à-dire que son travail sera plus payé.

Mais vous ne pourrez jamais fabriquer à bon marché tant que vous aurez un gouvernement qui vous coûte énormément, et tant que vous aurez le contrôle cela vous coûtera toujours cher, et tant que vous ne serez pas sincèrement et généralement honnêtes, vous ne pourrez pas supprimer le contrôle; voyez qu'il en faut revenir à ma proposition.

Vous venez de conquérir tous les droits politiques, maintenant il faut (chose beaucoup plus facile, pourvu que vous teniez compte du vote universel), que vous conquériez les droits sociaux ; il faut que le dernier des Français, si la nature l'a pourvu, puisse devenir le premier, et pour faire cela il faut deux choses :

Instruction universelle ;

Simplification du gouvernement.

J'entends par l'enseignement universel, l'enseignement pour tous indistinctement, y compris la philosophie ; plus, la profession qui conviendrait à chacun, en admettant petit à petit les améliorations que le progrès demanderait.

Simplification du gouvernement : en France on tombe dans une erreur, erreur à laquelle il est difficile d'échapper; c'est-à-dire on veut que le gouvernement fasse tout (c'est à cette idée peut-être que le communisme doit son origine), quand, au contraire, c'est la société qui doit tout faire par le moyen d'associations partielles ou générales, ne laisser faire au gouvernement que les choses que la société ne peut pas faire et celles qui ne sont pas sujettes à la concurrence,

le monopole devant en être réservé à l'état.

Pour l'instruction, par exemple, on pourrait faire une association de toute la France. Le gouvernement aurait comme une espèce de surintendance; mais la gestion appartiendrait à la société. Avec un ou deux sous que chaque individu mettrait dans le tronc chaque semaine en laissant la liberté aux riches d'y mettre davantage, je crois que cela suffirait pour cette institution, à laquelle on pourrait ajouter une pension pour donner aux vieillards et aux mères jusqu'à ce que leurs enfants aient deux ans; tous auraient droit à cette pension. Certainement les riches ne chercheraient pas à en profiter, ils s'empresseraient, au contraire, de donner pour une si belle institution ; la société pourrait alors disposer de fortes sommes, sans que le gouvernement eût à débourser un centime et à y mettre un employé. Cet enseignement commencerait depuis deux ans (comme dans les écoles d'enfants ou mieux si l'on pouvait), et l'on continuerait jusqu'à la fin de l'éducation; on enseignerait aussi à manier les armes, pour que chacun, à l'occasion, pût être soldat, et une petite armée serait suffisante dans les temps ordinaires.

La société, d'accord avec le gouvernement, ferait son programme de ce que l'on devrait enseigner; les riches certainement ne voudraient pas envoyer leurs enfants à ces écoles, cela importerait peu, pourvu que leurs enfants apprissent ce qu'indiquerait le programme, et à la fin de l'année ils viendraient à l'examen; ainsi l'enseignement serait obligatoire et libre.

Je demande pardon pour tous ces détails, parce que quand on est sur le point d'agir on fait ce que les circonstances permettent, mais je l'ai fait pour donner une idée de ce que l'on devrait faire.

On pourrait faire ainsi d'autres associations, par exemple, pour propager et goûter les sciences, les découvertes, les voyages.

Une fois le gouvernement simplifié, il sera plus facilement dirigé par n'importe qui; n'étant plus aussi compliqué, on voit plus facilement les abus qui pourraient se former.

Dans un gouvernement du peuple il faut que chaque individu puisse faire les comptes de ce que le gouvernement reçoit et dépense. Je dis encore deux paroles sur le crédit, et puis je finis, bien que j'aurais encore quelque chose à dire, mais je le dirai dans une autre occasion.

Le crédit que l'on vante tant a ses défauts; c'est vous, ô pauvres, qui avez donné un si grand développement au crédit en dépensant aujourd'hui ce que vous gagnerez demain. Vous prenez à crédit, celui chez qui vous prenez prend à crédit, et ainsi de suite; de sorte que le prix de ce qu'on achète augmente quatre ou cinq fois, et vous payez cinq ce que vous ne paieriez que quatre si vous aviez soin d'économiser et de payer comptant. Il est vrai qu'au résumé on ne perd pas grand chose, parce que la plupart des gens se retrouvent en ne payant pas; et c'est là la cause principale de toutes les banqueroutes. Voyez par quelles voies indirectes la Providence vous fait parvenir l'argent du riche qui devrait vous parvenir directement. Mais si l'on veut une amélioration, il faut que ces dé-

sordres cessent, parce que la morale publique en souffre, et au lieu d'avancer dans le bien, le contraire arrive.

C'est à vous, ô pauvres, à avoir assez de forces morales pour savoir dans toutes les occasions respecter les propriétés d'autrui; alors les riches vous auront enseigné comment on conserve les capitaux, et vous leur aurez enseigné comment il faut faire pour être justes.

J'ajouterai encore un mot touchant une objection qui vient de m'être faite. On me dit qu'en France la population s'est accrue considérablement, que les magasins y sont encombrés de produits et que la consommation n'y est pas suffisante. Je réponds que la cause de tout cela, c'est que nous sommes dépravés; et ainsi, pour avoir un état d'ordre, nous sommes obligés de soutenir un gouvernement qui coûte fort cher. Supposons que l'État puisse occuper cent mille de ses employés, hommes de bureau ou soldats, à tisser du drap, et que ces employés fabriquent cent mille pièces de drap chaque mois; si l'État faisait vendre à l'extérieur ces cent mille pièces, et s'il en faisait distribuer la valeur au peuple, celui-ci aurait cette somme de plus à dépenser, et en la dépensant il accroîtrait d'autant la consommation. Par cet exemple on comprendra comment peut s'accroître la consommation.

Si le gouvernement donne au peuple le produit des cent mille pièces de drap, après les avoir vendues, ou s'il s'abstient d'en prélever la valeur par des impôts ou d'autres moyens, le résultat est le même. Ce qui est important, c'est que la conduite du peuple permette un gouvernement à bon marché. Touchant la production et la consommation, il y aurait encore beaucoup à dire ; mais je bornerai là mes réflexions.

Il en est des grandes vérités économiques comme de presque toutes les grandes vérités des autres sciences : le plus souvent elles sont cachées sous un voile qui les oouvre d'apparences trompeuses ; mais dès qu'on soulève le voile, la vérité apparaît dans tout son éclat.

BENEDETTO PROFUMU.

Imprimerie VINCHON, rue J.-J. Rousseau, 8.